AF257411

LD
1454

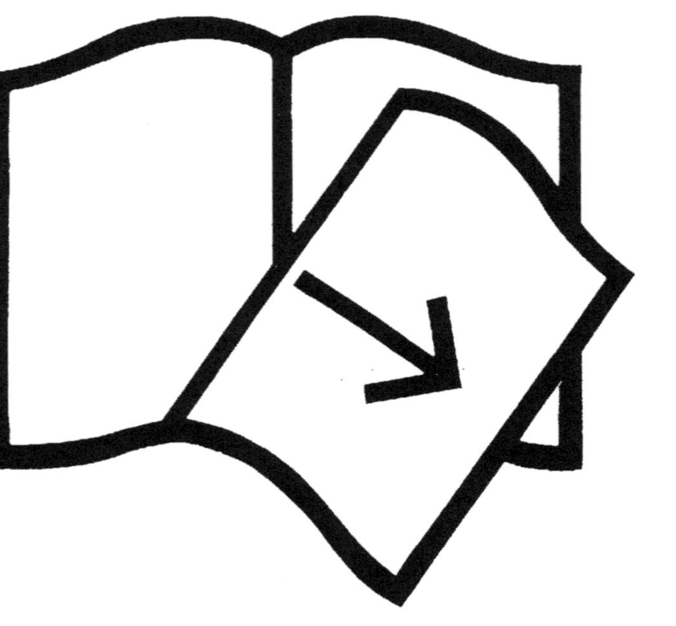

Documents manquants (pages, cahiers...)

Original illisible

DESPOTISME ET LIBERTÉ

PAR

AGRICOL PERDIGUIER

Ancien représentant du peuple

PRÉFACE

Mon père fut capitaine des volontaires en 1792. 1815 se vengea de son zèle patriotique. Tout jeune enfant, je vis des scènes affreuses, et je souffris, pour ma part, les outrages et les coups. A peine né, une opinion politique entra dans mon cerveau et dans mon cœur ; et cependant, lorsque je pus écrire, moi ouvrier, je traitai des ouvriers, du Compagnonnage. J'ai travaillé trente-huit ans pour le mettre en paix avec lui-même et, lui inspirer des sentiments de fraternité. J'ai toujours eu une opinion politique, une manière de comprendre le gouvernement; les questions sociales m'ont sans cesse préoccupé, et pourtant je suis resté constamment en dehors de la politique. C'est que pour ma mission, dont

personne ne se fût chargé, il fallait qu'il en
ainsi.

Maintenant ma première tâche est accomp
Je sens le besoin d'épancher mon cœur, de d
ma pensée sur l'histoire, la politique, les mœu
la morale, les idées religieuses, et je publie
première brochure. Qu'on l'accueille, qu'on
comprenne, et les autres suivront de loin
loin.

Bien des hommes pourront me croire exc
trique, paradoxal, et ce sera probablement le
faute, ou la faute de leur éducation, et n
la mienne. Qu'on me lise sans prévention, et l'
trouvera, je l'espère, quelques fruits à
suivre dans mes raisonnements et mes app
ciations.

J'examine les choses attentivement, j'agis
ma conscience est mon guide ; q
chacun s'inspire de même, et je n'ai à redou
ni la malveillance contenue,
ant à la critique loyale, je l'appe
eux, tout prêt à lui dire merci.

AGRICOL PERDIGUIER.

embre 1864.

DESPOTISME ET LIBERTÉ.

I

Combien de fois n'a-t-on pas dit que le gouvernement démocratique est le gouvernement de l'ignorance, de la barbarie, et que le peuple doit le repousser avec indignation s'il ne veut pas subir toutes les misères, toutes les violences imaginables. La liberté, on l'a attaquée par des phrases malveillantes et puériles ; le despotisme, on l'a glorifié par des paroles adulatrices, lâches, mensongères. Je veux, à mon tour, parler de ces deux formes de gouvernement, donner leurs résultats, et ne parler qu'avec les faits à l'appui ; lecteurs, écoutez.

On dit que le gouvernement démocratique, libéral, qui admet la discussion, l'intervention de la foule dans l'appréciation des affaires générales, est le gouvernement de l'ignorance ; examinons ce point important, et loin de nous toute déclamation ! Que les faits seuls prennent la parole et se fassent entendre.

Quelle est, parmi toutes les nations de l'antiquité, celle qui s'est le plus distinguée et par son esprit et par une bravoure à toute épreuve ? — C'est la Grèce. — Et, parmi les Grecs, quel a été le peuple le plus intelligent, le plus enthousiaste, le plus généreux ? — Le peule d'Athènes. — Et quelles lois régissaient ce peuple ? — Des lois libérales, démocratiques, donnant des droits à tous.

Nos assertions sont-elles contestables ? — Non. — Que faut-il reconnaître maintenant ? — Que la république d'Athènes, la plus populaire, la plus démocratique des républiques anciennes, a été le foyer des lumières, le temple de la liberté, le séjour de tous les talents, de toutes les grandeurs : c'est de là que sont sortis les poëtes, les historiens, les philosophes, les orateurs, les législateurs, les savants, les peintres, les sculpteurs, les architectes les plus remarquables, les plus fameux. Athènes est la patrie de Solon, de Méton, de Périclès, de Thespis, d'Eschyle, de Sophocle, d'Euripide, d'Aristophane, de Ménandre, de Thucydide, de Socrate, de Platon, de Xénophon, de Phidias, d'Apollodore, de Démosthènes, de Thrasybule et d'une foule d'autres hommes d'une illustration qui ne devait point avoir de terme.

La philosophie lui doit infiniment, le théâtre est sa création ; sa sculpture, sa statuaire servent encore de modèle et n'ont pu être égalées ; l'agriculture, l'industrie, le commerce, la marine reçurent là les soins les plus empressés. Elle ouvrait pour ses enfants et pour les hommes de toutes les nations, de tous les cultes, de toutes les idées, de tous les systèmes, ce qui est à noter, à ne jamais perdre de vue, à ne jamais oublier, des écoles libres en tous genres : c'étaient le Lycée, l'Académie, le Portique, le Palladium, l'Odeum, tenues par les plus hautes capacités. Le bruit de tant de merveilles se répandait au loin, tous les échos le répétaient, et Aristippe, Carnéade, Aristote, Théophraste, Diogène, Zénon, Cléanthe, Chrysippe, esprits pénétrants, vastes intelligences, accouraient là se faire élèves, buvaient à longs traits à la coupe de la science, ensuite ils se faisaient maîtres et professaient à leur tour au profit de tout le genre humain.

Pourquoi cette république, et cela plus de 400 ans avant la venue de Jésus-Christ, elle moins peuplée que l'un de nos moindres départements, a-t-elle marqué par tant de grandes choses, par tant de merveilleuses créations ? Pourquoi a-t-elle été supérieure en savoir, en sagesse, en courage, en bonne volonté à tous les autres peuples, aux nations les plus antiques, les plus vastes, les plus imposantes, les plus célèbres ? — Parce qu'elle était populaire, parce qu'elle était démocratique, parce qu'il n'est rien comme la liberté et le droit commun pour faire éclater la lumière et enfanter les prodiges.

Ainsi donc, et personne ne peut le contester, non, personne ! la ville qui a le plus éclairé le monde, qui lui sert encore de flambeau pour la statuaire et la poésie, c'est Athènes, ville de liberté, ville de tolérance, ville de travail, de droit pour tous, que l'aristocratie, que le despotisme, tout en se nourrissant de sa manne

intellectuelle que l'on trouva toujours si douce et si
fortifiante, ne cessèrent jamais de calomnier, et que
M. Troplong lui-même, savant jurisconsulte, grave
président du Sénat, s'inspirant de vieilles diatribes,
déchira jadis d'une dent cruelle dans les colonnes de
l'austère *Moniteur* ; et cela au grand épanouissement
d'une foule d'hommes qui, alors malades, avaient mis
leurs passions à la place de leur raison.

Je ne puis m'arrêter sur tous les progrès que nous
devons aux peuples libres, mais je dirai en passant que
Carthage fut la ville du travail, de la marine, de l'industrie, et se montra digne des laborieux Tyriens dont
elle était sortie.

Et Rome! qu'en penser? Son éclat n'a-t-il pas rempli le monde? Ses lois n'ont-elles pas enfanté nos
lois?

Ainsi donc, dans l'antiquité, la nation la plus éclairée
fut Athènes ; la plus industrieuse, la plus commerçante,
Carthage ; la plus terrible, la plus puissante par les
armes et les œuvres gigantesques, Rome. La première
semait les arts et les sciences sur la terre ; la seconde
la reliait, en rapprochait les points les plus éloignés
par son active marine ; la troisième l'agitait dans tous
les sens, l'embellissait de temples, de cirques, d'arcs
de triomphe, d'aqueducs, de ponts, de routes, de ca-
naux, universalisait la langue latine, faisait de toutes
les parties du monde une scène grandiose, sublime,
sur laquelle les hommes de toutes les origines, de toutes
les latitudes, de tous les climats purent se voir, se
parler, s'entendre : la plus grande des transformations
religieuse et morale fut dès lors possible, et ne manqua
pas de se réaliser. En formant de toutes les nations
une seule nation, en rendant faciles toutes les relations
des hommes entre eux, Rome avait préparé les voies
au fils du pauvre charpentier, à ses apôtres, à ses
disciples, et cela était dans les desseins de Dieu.

Dans le monde ancien, on connut des multitudes de
monarchies, d'un éclat non douteux, et leur durée fut
longue ! De vastes monuments, que le temps n'a pu
détruire, nous attestent leur puissance. Il y eut des
Babyloniens, des Assyriens, des Mèdes, des Perses,
des Égyptiens, des Macédoniens, des Parthes. Ajoutons

encore Pergame, la Bithynie, l'Arménie, le Pont, la Cappadoce, la Syrie, États également soumis à l'absolutisme, repoussant tout droit populaire, et du goût, par conséquent, des prétendus amis de l'ordre d'alors, qui ne rêvaient, comme ceux de nos jours, que le silence et l'étouffement. Chose singulière! frappante! concluante! trois gouvernements d'une tout autre forme, souvent agités, où la foule grouillait, murmurait, vivait parfois en mauvaise intelligence avec ses gouvernants et leur demandait des comptes, ont dominé tout cela par les lumières, par l'industrie, par le commerce, par les armes, par la pénétration de l'esprit, par la force du bras, et enfin, en toutes choses. Voilà ce qui n'est pas niable. Eh quoi! osera-t-on encore venir nous dire que le gouvernement démocratique est le gouvernement de l'ignorance, de la barbarie, lorsque tous les faits de l'histoire prouvent sans réplique en sa faveur? Deux et deux font quatre, tout le monde le sait; liberté et lumière sont la même chose, tout le monde doit le savoir.

II

Des monarchies en grand nombre se constituèrent sur les débris de l'empire romain. On vit paraître des Huns, des Alains, des Vandales, des Bulgares, des Goths, des Visigoths, des Ostrogoths, qui ravagèrent, qui dévastèrent, qui portèrent partout la mort et la désolation. Les Francs, les Bourguignons, les Normands se manifestèrent aussi. Les lumières décrurent, les arts et les sciences périclitèrent; plus de littérature! il y eut alors l'empire des Grecs dégénérés, les royaumes de France, d'Allemagne, d'Espagne, d'Angleterre, s'agitant dans le sang et leur sauvage obscurité.

En ce même temps vivait un peuple constitué en petites républiques, c'était l'Italie. Au milieu de ces républiques, il s'en trouvait une plus démocratique que toutes les autres, où le simple ouvrier avait des droits politiques, arrivait aux fonctions, où les agitations étaient fréquentes, où la plèbe avait plus d'une fois effrayé les grands et les puissants ; c'était celle de Florence. Les Florentins n'étaient autres que les Toscans, auxquels on doit un ordre d'architecture, des vases précieux ; on les appelait jadis les Etrusques, les Tyrrhéniens, et ces Tyrrhéniens, si je ne me trompe, descendaient des Tyriens, véritable peuple travailleur.

Enfin, généralement, on était dans les ténèbres. Les lois du Christ, mal interprétées, n'avaient pas donné le bonheur.

On avait pris à tâche de mortifier la chair au-delà de toute mesure, d'enchaîner la raison et le raisonnement, et l'on était arrivé à tuer l'esprit au bénéfice des plus brutales et des plus sauvages passions... La matière régnait, et régnait tyranniquement ; l'intelligence dormait, et le démon dut se réjouir de son triomphe sur la terre.

On était dans une sombre nuit ; il fallait un réveil.

D'où partira le rayon lumineux capable de se communiquer de proche en proche et d'éclairer le monde ? Est-ce de l'une des grandes monarchies qui faisaient tout ployer sous le poids de leurs armes, où régnaient l'audace, la force, la violence, où le travail était honni, la plèbe méprisée ? — Non, c'est de Florence, de la ville des artisans, de la petite république démocratique. Florence fut donc supérieure en lumière aux plus grandes et aux plus puissantes nations de l'Europe. De son sein surgirent les poëtes, les savants, les artistes les plus remarquables. Voilà le jurisconsulte Accurse, les architectes et peintres Fuccio, Giotto, Margaritone, Brunelleschi ; le conteur Boccace, les poëtes Dante et Pétrarque. Ce furent ensuite Machiavel, Guichardin, Léonard de Vinci, Michel-Ange, Cellini, Galilée, et ce grand mouvement ne devait pas s'arrêter là. Combien des apôtres de l'art et de la science partirent de ce lieu pour aller au loin servir les autres nations !

Les républiques de Gênes, de Venise brillèrent par leurs flottes, leurs courses lointaines, leurs peintres, leurs artistes, leurs savants, leur science financière, leur vaste commerce, des créations nombreuses.

C'est de Venise que partait Marco Polo pour aller voyager en Chine, c'est de Gênes que partait Christophe Colomb pour aller découvrir un nouveau monde,

c'est de Florence que partait Americ Vespuce pour
aller relever la forme, le plan de ce même monde,
lui servir de parrain, et de son nom Americ lui com-
poser le nom d'Amérique.

C'est donc des républiques grecque, romaine, rho-
dienne, syracusaine, italiennes que les monarchies de
l'Europe ont tiré la substance littéraire, scientifique,
artistique qui les a faites ce qu'elles sont, et dont elles
sont si fières. Oui, soyons fiers ; sachons profiter des
lumières qui nous ont été transmises, et, généreux,
répandons-les sur d'autres à notre tour. Mais honorons
nos aïeux, gardons-nous de l'ingratitude, rendons aux
peuples libres et à la liberté le juste hommage qu'ils
ont le droit d'attendre de nous. Là sera notre force
et notre avenir.

III

La liberté donne la vie matérielle, elle donne aussi
a vie du cœur et la vie de l'âme. Toutes les grandes
littératures naissent et se forment là où l'individu peut
respirer à l'aise. Respirer un air libre ! quelle grande
chose pour l'homme et l'humanité !

Ici l'on conteste. L'on me parle du siècle d'Alexandre,
du siècle d'Auguste, du siècle de Léon X, du siècle de
Louis XIV, et l'on soutient que ces quelques souverains
ont fait naître les plus grands hommes. Voilà une
grave erreur, qu'il sera bon de détruire.

Solon, Périclès, Phidias, Anaxagore, Eschyle, Sophocle, Euripide, Socrate, Aristophane ont brillé bien
avant qu'Alexandre ne fût au monde ; Platon, Démosthènes, Isocrate, Aristote qui devint son précepteur,
l'avaient encore précédé dans la vie. En quoi, je le
demande, Alexandre a donc pu influer sur cette géné-
ration de brillants et profonds esprits ? Et puis, que
rapport y avait-il, en ce temps-là, entre Athènes et la
Macédoine, dont la capitale n'eut point de nom, ne
brilla jamais d'aucun éclat et ne laissa point de souve-
nir ? A propos du plus grand siècle de la Grèce ne
nommons jamais Alexandre, pas davantage Philippe

son père, car ils étaient trop jeunes, et ce n'était pas d'eux, en aucun cas, que le pays le plus civilisé du monde pouvait attendre sa civilisation.

On parle aussi pour Rome du siècle d'Auguste ; et cependant de combien Plaute, Térence, Varron, Hortensius, Catulle, Lucrèce, Cicéron n'avaient-ils pas précédé cet empereur ? Il est vrai que deux grands poëtes, Horace et Virgile, vécurent à sa cour ; mais ils étaient les aînés, les devanciers du neveu de Jules César. Et Ovide, que lui dut-il ? — L'exil, la souffrance. — Il est donc absurde d'attribuer à ce monarque une influence qu'il n'eut jamais et ne pouvait avoir. Le grand siècle de Rome n'était donc pas le siècle d'Auguste.

Il est question pour l'Italie du siècle de Médicis. Ce Médicis devint pape sous le nom de Léon X. Il aima les arts, les lettres, mais créa-t-il le génie florentin, italien ? Fut-il vraiment le chef et l'auteur d'un grand siècle ? Examinons. Dante naquit en 1263, Giotto en 1276, Pétrarque en 1304, Boccace en 1313, Brunelleschi en 1452. Ajoutons ceci : Michel-Ange, Léonard de Vinci furent dans leur plus grand lustre en 1500. Léon X n'arriva au trône pontifical qu'en 1513. Il est donc de toute impossibilité que tous ces grands hommes aient été formés par lui, et ils sont cependant la gloire de l'Italie. On le voit encore une fois, l'histoire est faite à l'usage, au profit des grands et des courtisans, et il est bon de ne pas s'y laisser prendre.

Autre erreur très-grave !

Constantinople fut prise par les Turcs en 1453 ; bien des chrétiens s'expatrièrent. De ce nombre furent Argyropulo et Jean Lascaris. Ils vinrent habiter Rome, Florence et autres villes. Ils étaient savants, ils répandirent des connaissances, et de là, d'après de certains dires, le grand siècle italien, la rénovation de l'Occident. Voilà comment raisonnent des hommes qui ont peu de raison, qui ne consultent point de dates, qui dédaignent de réfléchir : ils tombent dans les plus étranges contre-sens. Quand Lascaris et autres arrivèrent en Italie, la lumière y était faite. Et puis, que pouvait-il sortir du Bas-Empire dans sa décrépitude, de cet État qui ne connut jamais la liberté, dans le sein duquel la poésie, l'éloquence, le génie furent toujours étrangers? Pouvait-il communiquer ce qu'il n'avait pas, ce qu'il n'avait jamais eu? Il était dépassé, et c'était à d'autres qu'à des Grecs de ce temps-là que devait appartenir la gloire de la Renaissance.

Mais à qui donc attribuer les beaux siècles de la Grèce, de Rome, de l'Italie? — A nul homme en particulier; aucun n'est assez grand, assez puissant pour créer de telles situations. — Et qui donc encenser en ce cas? — Un principe, un don céleste, la liberté, qui fait naître l'intelligence, qui donne le mouvement, la vie, le bien-être aux populations... Elle seule produit ces éclatantes lumières qui, de loin en loin, viennent éclairer et réjouir le monde.

Mais nous voici au règne de Louis XIV. Ce roi était absolu, et cependant il fut le père d'un grand siècle. Ce n'est plus la liberté qu'il faut ici glorifier. — Peut-être! Nous allons voir.

Wiclef, Jean Huss, Luther, Calvin, Erasme, Bacon avaient paru; les hommes avaient ouvert les yeux, s'étaient passionnés : de grands mouvements s'étaient faits en Europe; le despotisme, la liberté avaient été chaudement, hautement discutés. En France, on avait vu des guerres de religion, des massacres, des émeutes, la Ligue, la Fronde. Toutes les classes de la société avaient passé par les émotions les plus vives, les plus diverses. Les rois, les papes, les empereurs n'étaient plus en repos. Louis XIV enfant dut fuir devant ses sujets; il quitta Paris; toute la famille royale était dans l'épouvante. Il y avait des pensées dans l'air, circulant dans toutes les directions, des frémissements dans les têtes et dans les cœurs, les esprits étaient tendus, et, en cet état, l'on écrivit. De là, dans les productions, la force, la grandeur, la profondeur, la connaissance de la société, des hommes, des passions diverses qui les remuent, les font agir en bien ou en mal, et dont on était incapable auparavant. L'on vit se manifester Rabelais, La Boétie, Montaigne, l'Hôpital, Descartes, Pascal, Molière, Corneille, Bossuet, Mézeray, Adam Billaut le Menuisier, que je cite malgré sa pauvreté, parce qu'il y avait en lui un homme sérieux, que ses contemporains comprirent, qu'ils accueillirent avec empressement comme une heureuse manifestation populaire, ce qui fait leur éloge. Voilà des écrivains qui avaient vécu dans les grandes agitations... c'étaient des hommes forts, trempés dans les orages, la tourmente des temps, et tous plus âgés que Louis XIV.

Vinrent à leur suite Boileau, Quinault, Racine, Fénelon, Massillon, Fléchier, Bourdaloue, La Bruyère, Régnard, Rollin. Ceux-ci avaient la touche moins forte que leurs prédécesseurs, mais ils possédaient le fini, la souplesse, l'harmonie; ils se préoccupaient également de la situation de la société, et rien ne le prouve mieux que le *Télémaque*. Ils soutinrent la lutte avec un grand éclat.

A côté de ces illustres écrivains vinrent se grouper les grands architectes, les grands sculpteurs, les grands peintres; citons Blondel, Lepautre, Mansard, Pérault, Girardon, Puget, Lesueur, le Poussin, le Lorrain.

Louis XIV se montra digne d'une si belle époque; il encouragea les artistes; il protégea Molière et lui permit de faire représenter *Tartufe* et d'accabler les faux dévots. Peu de rois eussent voulu chose semblable.

Le siècle de Louis XIV fut donc grand, sublime, majestueux, et nous nous garderons bien de ne pas lui rendre hommage; mais convenons d'un fait, qui est des plus importants : le réveil de l'esprit, les œuvres fortes et profondes avaient précédé la venue de ce monarque; mais les Grecs, mais Rome, mais Florence nous avaient devancés et nous avaient éclairés; ils nous avaient laissé toutes sortes de modèles à suivre ou à dépasser. Sans les Sophocle et les Euripide eussions-nous eu les Corneille et les Racine? Sans Aristophane, Plaute et Térence, eussions-nous eu Molière et Régnard? Sans Démosthènes et Cicéron, eussions-nous possédé nos orateurs sacrés, Bossuet, Bourdaloue, Massillon, Fléchier? Sans les poëmes d'Homère, Fénelon nous eût-il donné *Télémaque*? Sans Ésope et Phèdre, qu'eût donc été notre naïf et grand fabuliste? Boileau ne s'inspira-t-il pas de Perse, Horace et Juvénal? La Bruyère de Théophraste? Girardon de Phidias?... Notre architecture ne fut-elle pas calquée sur l'architecture des vieilles républiques, inventée par elles? Oui, rendons hommage à notre grand siècle, glorifions le monarque qui le comprit si bien, lui laissa toutes les franchises nécessaires à son développement artistique, mais ne soyons jamais ingrats envers Athènes, Rome et Florence, aimons la liberté, en dehors de laquelle nul art, nulle science ne peuvent se créer, se développer et se maintenir. Est-il un homme qui puisse ne pas réfléchir devant le tableau que nous exposons? Je ne le pense pas.

<h2 style="text-align:center">IV</h2>

Les nations que j'ai nommées ne sont pas les seules qui aient servi l'humanité; mais l'action d'un peuple sur le monde est d'autant plus grande que ses libertés sont mieux comprises et mieux assurées. Cependant pour qu'un peuple jouisse vraiment de la liberté il faut qu'il soit instruit, qu'il soit honnête, qu'il sache penser, qu'il soit à même de la comprendre, de l'aimer, de la servir; il faut qu'il ait du cœur dans la poitrine. Rien de plus aisé que de créer une agglomération d'hommes sous le sceptre de fer d'un tyran et de la conserver ainsi une longue suite de siècles. Mais ce n'est pas là une nation, c'est un vaste troupeau, composé d'êtres qui mangent, boivent, dorment, ne pensent à rien, ne vivent que d'une vie matérielle et méritent à peine le nom d'homme. C'est un tout autre travail que d'enfanter un État libre et des hommes dignes de la liberté. Aussi la terre en a-t-elle peu possédé de ce genre! La première agglomération, le vaste troupeau, peut exister des milliers d'années sans servir ni les autres ni soi; il est nul sur le globe!... Qu'il meure, il a passé, et c'est absolument comme s'il n'avait pas vécu. Qu'il en est autrement du peuple libre! Celui-ci est sous l'œil de Dieu et fait une œuvre providentielle. S'il est des hommes divins, que Dieu a marqués de son sceau, il est également des nations divines, faites pour remuer, conserver, régénérer le monde, et qui tiennent du ciel leur haute et sublime mission.

Des petits États, la Judée, l'Arabie, ont donné de

grands prophètes ; des hommes infimes comme position sociale ont jeté dans le monde des clartés sublimes, des idées de fraternité et de rénovation : ils ont produit du mouvement, du trouble, de l'inquiétude, des frayeurs, de l'espérance... Et Dieu veut qu'il en soit ainsi, pour que les uns ne s'endorment pas dans l'orgie, et les autres dans les angoisses de la faim et le désespoir qui mène à la mort. Il faut des avertissements sans cesse réitérés venant d'en haut, il faut de la vie, il faut que l'homme soit homme ; il le faut... C'est le vœu de Dieu ! et, atteindre ce grand but, ce doit être la tâche et le travail incessant de tous les nobles cœurs.

Lorsque les Arabes se sont manifestés, ont répandu des lumières, c'est qu'ils avaient quelque lien avec la liberté, divinité populaire qui donne la vie, faute de laquelle les hommes ne sont point des hommes, mais des instruments passifs entre les mains d'un maître, qui les pousse en des sens divers, et les empêche de s'appartenir jamais eux-mêmes.

Si Naples, si le Portugal, si l'Espagne eurent, à un moment donné, de rares génies, tels que le Tasse, Vasco de Gama, Magellan, le Camoëns, Cervantès, Alonzo d'Ercilla, Lopez de Véga, Calderon, Lespagnolet, Murillo, Velasquez, c'est qu'alors ces divers pays n'étaient pas écrasés sous un joug abrutissant, c'est qu'ils possédaient des cortès, des juntes, des représentations nationales, des communes fortement organisées, des lueurs de liberté ;... et de là leur énergie et leur expansion. Les jésuites parurent, se constituèrent, se consolidèrent, se répandirent, s'imposèrent aux oreilles et aux cœurs des rois, et ce fut une atroce décadence. Rien ne tomba plus bas que l'Espagne et l'Italie... Plus d'industrie, de culture, de commerce, de sécurité ; partout une crasse ignorance, un audacieux brigandage... L'on priait, l'on brûlait, l'on assassinait. Que d'actes monstrueux !... La vie s'en allait, c'était une mort lente, le néant s'étendant à toute la société. Un orage rédempteur a fini par souffler sur ces malheureux pays ; la liberté les a regardés ; ils se relèvent... Ils seront sauvés par elle ; et Dieu fasse qu'ils sachent la chérir et la conserver à jamais.

La Hollande eut un gouvernement républicain, et cette petite nation produisit Ruyter, Erasme, Grotius, Rambrandt, Boerhaave, Rubens, van Dyck, Jordaens. Son industrie, son commerce, sa marine étonnèrent le monde. Sa liberté disparaît-elle, son éclat s'évanouit ; sa liberté se rallume-t-elle, avec elle reparaissent le bien-être et la vie.

L'Angleterre, soumise depuis longtemps à une constitution qui obligeait les rois comme les citoyens, eut des libertés de presse et de parole. La liberté est la mère des grands hommes, la créatrice des grands événements et des grandes richesses. Là se montrèrent Bacon, Morus, Shakspeare, Milton, Newton, Hobbe, Sidney, Otwai, Locke, Clarke, Pope et bien d'autres profonds génies... C'étaient des orateurs, des poëtes, des philosophes, des savants, des mécaniciens, des inventeurs, des marins fameux. On sillonna les mers, on mit une main sur l'Inde, l'autre sur l'Amérique. Partout d'immenses colonies ! L'industrie prit un développement inconnu jusque-là ; son commerce égala, à lui seul, le commerce de toutes les autres nations. Cromwell lui avait donné le sceptre des mers, qu'elle conserva. Ses découvertes, sa philosophie, ses progrès excitèrent au loin l'émulation ; et, sa liberté, qui l'avait si bien servie, fut pour quelque chose dans le réveil politique de l'Europe.

Les Etats Unis d'Amérique, affranchis depuis moins d'un siècle, doivent à la puissance de la liberté leurs rapides et merveilleux développements. S'ils souffrent en ce moment, c'est qu'ils n'ont pas voulu la liberté pour tous. Malheur à qui cède trop au sot et vil égoïsme ! il éprouvera des calamités. Mais ces géants en courroux, malgré des torts extrêmes, ne pendent pas les blessés, les prisonniers, les vaincus, ne fouettent pas les femmes... Ce ne sont pas des Russes, des impitoyables, de froids et horribles bourreaux... On peut encore s'intéresser à eux. Puisse un bon génie leur apporter bientôt la paix !

Quelques petits Etats, quelques Villes Libres d'Allemagne n'ont pas été sans servir l'humanité. Guttemberg, l'inventeur de l'imprimerie, naquit à Mayence. Nous aurions des recherches curieuses à faire sur l'Allemagne, mais nous passons. La Suisse nous a donné Jean-Jacques Rousseau.

L'Autriche, la Turquie, la Russie, qu'ont-elles donné au genre humain? — De l'oppression, des violences, des misères. — Où est leur art? comment découvrir leur littérature? où sont leurs grands hommes? qui les connaît? Et cependant ces nations sont vastes, peuplées ; leur sol est fertile... et la vie n'est pas là. Qui pourra les arracher à leur sombre situation? — La liberté, la liberté seule. Alors le bandeau tombera, elles se relèveront et finiront par marcher de pair avec les grandes puissances occidentales.

Je ne dis pas que nul littérateur, nul poëte, nul orateur ne puisse naître sous un despotisme, mais il faut, s'il veut marquer sa place au soleil, qu'il s'inspire d'autres pensées que celles qui ont cours dans le milieu où il vit, sans quoi, malgré la forme la plus riche, il sera sans philosophie, sans politique, sans science de l'homme, de la loi, de l'humanité, et il manquera de séve et d'intérêt. Mais s'il veut bien faire, le pourra-t-il? Un maître ombrageux ne viendra-t-il pas briser son âme et sa plume? Que produire sans la liberté? — Rien de grand assurément, et l'histoire universelle nous en donne l'attestation.

Qui invente les télégraphes, les chemins de fer, les bateaux à vapeur, les puissantes et utiles machines? — Les pays libres ; les autres ne s'en servent que longtemps après, encore ont-ils besoin pour se les approprier de l'actif concours des peuples inventeurs.

V

Le xviiie siècle en France fut grand, cependant ses artistes, ses poëtes n'égalèrent pas ceux du siècle qui l'avait précédé ; mais il eut des penseurs, des réformateurs, chaque écrivain se proposait un but social. Montesquieu, Voltaire, Rousseau, Buffon traitèrent avec une extrême liberté des lois, des mœurs, des coutumes, de la religion, de la nature, firent une guerre implacable aux erreurs, aux préjugés, aux iniquités... Le pouvoir laissa faire et des temps nouveaux furent préparés.

Notre grande Révolution, qui a tant fait pour l'Europe, le monde, le genre humain, n'a pas produit immédiatement les artistes modèles, les prophètes inspirés... Mais aussi, elle avait tant à combattre!... L'Europe entière était sur ses bras... Comment manier la plume, le pinceau, le ciseau, la lyre en pareille situation? Ce n'était pas là la république, le calme, l'ordre, la liberté, c'était le combat à outrance, c'était la lutte acharnée, soutenue à la tribune et sur les champs de bataille, c'étaient les lois, les constitutions, les déclarations de droits, les principes de justice et d'égalité jetés dans le monde, et que le monde ne voulait pas encore comprendre et accepter. Cependant, nous eûmes Monge, Bertholet, Lavoisier, Chappe, Laplace, Bichat, Méhul, David, Pigalle, Chénier, Ducis, Rouget de l'Isle, Chateaubriand, madame de Staël, Carnot, Mirabeau. Ceux-là représentaient la géométrie descriptive, la chimie, la télégraphie, l'astronomie, la médecine, la musique, la peinture, la statuaire, la poésie tragique, le chant guerrier, la littérature philosophique, religieuse, imagée, cadencée, poétique, de nouvelle forme; ceux-ci l'amour national, la grandeur civique, l'éloquence de la tribune, qui ne nous avait point encore visités, nous venant en droite ligne de la vieille Grèce et de la vieille Rome, et qui ne peut s'acclimater que dans les gouvernements représentatifs, où la parole est toute-puissante.

Et si nous voulions parler des généraux! Quelle brillante énumération! Jourdan, Kellermann, Bonaparte, Hoche, Marceau, Desaix. Kléber, Championet, Masséna, Soult, Ney, etc., etc. Ces héros ne dépassent-ils pas tous les héros anciens? Mais aussi défendaient-ils la plus grande, la plus belle de toutes les causes! Un peuple vaillant, enthousiaste, était avec eux, et ils devaient vaincre nécessairement.

Nous combattions et nous étions les libérateurs, les amis de nos ennemis, qui ne s'en doutaient pas... Notre mission était sublime, mais incomprise, et le monde n'avait jamais rien vu de pareil.

Nous fûmes trahis par les éléments, trahis par des

hommes dorés, couronnés, et envahis après de longues luttes ; mais nous avions répandu les principes nouveaux, les mœurs d'un nouvel âge, l'amour de la liberté, et le chef que l'étranger nous imposa fut contraint de compter avec son époque : nous eûmes la Charte, des libertés, une tribune, des journaux, des lecteurs passionnés, et le mot patrie fut mieux compris que jamais.

L'ancien monde était bouleversé, les pensées n'étaient plus les pensées d'autrefois. Il y eut de l'action et de la réaction ; c'est dans les luttes, c'est dans les débats que les hommes se forment et grandissent.

De la tribune partaient des sons éclatants, accueillis, goûtés partout ; la presse fit son devoir ; la littérature s'éveilla, l'art devint puissant, des noms resplendirent. L'ancien et le nouveau régime, l'un s'appuyant en haut, l'autre s'appuyant en bas, étaient sans cesse aux prises. Il y avait mouvement, lutte d'idées, de pensées, de foi, de principes... La France tout entière prêtait l'oreille, était émue, prenait parti... applaudissait ou murmurait, tenait à ses conquêtes libérales et n'était nullement disposée à se laisser déposséder. Des voix amies se faisaient entendre. C'était Foy, c'était Royer-Collard, c'était Benjamin Constant, c'était Manuel... Comme ils impressionnaient les foules !...

Ces mouvements, ces débats, ce choc des idées, des opinions, des sentiments, agissent sur les cerveaux, sur les cœurs, sur les âmes et la lumière se fait. Le sabre se repose, la pensée se donne carrière. Le pinceau, le ciseau, la plume, la lyre sont tenus d'une main ferme ; le génie se manifeste. Voilà les peintres, Vernet, Ingres, Delacroix, Delaroche, le sculpteur David, les poëtes Béranger, Lamartine, Victor Hugo, Barbier, Musset, Delavigne, Dumas, lançant à tous les échos des pensées profondes, des peintures saisissantes, les sons les plus énergiques et les plus mélodieux. La musique ne resta point en arrière. Voilà Boïeldieu, Halévy, Hérold, Auber, Adam ; et puis accourent de l'Italie, de l'Allemagne, Rossini, Meyerbeer, Beethowen, et nous sommes inondés d'harmonie. Les historiens, les hommes scientifiques ne nous firent pas défaut. Nous eûmes Thiers, Guizot, Cuvier, Arago. Cette époque, qui se continua après 1830, doit marquer dans les fastes de la France.

Eh quoi ! me dira-t-on, vous attribuez encore cette manifestation du génie à la puissance de la liberté ? — Sans doute. — Mais Chateaubriand, Lamartine, Victor Hugo, Lamennais, qu'il est bon de citer ici, étaient ancien régime, ardents légitimistes, combattaient pour les rois, la religion, et maudissaient 89. — J'en conviens, mais, en dépit d'eux-mêmes, ils étaient enfants de 89, la Révolution avait déteint sur eux, les avait pénétrés, les avait inspirés, les avait faits grands et forts, et ils ne tardèrent pas à se rattacher à elle. Lamennais publia les *Paroles d'un croyant* et le *Livre du peuple*, Chateaubriand prophétisa dans ses *Mémoires d'outre-tombe* la chute des rois, le triomphe de la démocratie, et son cœur y applaudissait ; Lamartine fut ministre de la république. Rien de plus chaud, de plus ardent, de plus libéral, de plus démocratique que les œuvres et l'âme de Victor Hugo.

Il faut donc bien le reconnaître, tout le brillant, tout le solide de ce siècle n'est pas né du calme plat, du despotisme, du bâillon des inquisiteurs, mais du mouvement et de la liberté, et la démocratie doit s'en glorifier.

Mais la liberté, qui profite à l'ensemble de la nation, doit-elle préoccuper l'ouvrier, le simple travailleur ? S'occuper de la politique ne lui serait-il pas onéreux, funeste ? Cela ne l'empêcherait-il pas de cultiver son métier et d'exceller jamais dans la partie qui lui est propre ? — Non. C'est le contraire qui est vrai. L'homme qui ne fait que remuer les bras, qui ne voit que la pierre, le bois, le fer, le cuir, les étoffes ; qui n'exerce que sa force physique, qui ne pense pas, qui ne raisonne pas, qui ferme ses yeux aux grands intérêts de la patrie, aux progrès de l'humanité, au triomphe de la morale publique, du bien-être de chacun et de tous, qui méprise la collectivité, la solidarité, indifférent du présent et de l'avenir, cet homme est-il un homme ? En négligeant son esprit, en fermant les yeux à toute lumière, ne repousse-t-il pas l'inspiration divine, et par ce fait ne détruit-il pas son âme, son cœur, sa dignité, sa qualité de créature raisonnable pour devenir bête brute? Et s'il est devenu tout matière, et si son cerveau ne reçoit point de culture, comment aurait-il d'autre préoccupation que de gaver et gâter son estomac?... Quand l'esprit n'a plus de joie, on donne tout à la chair ; et, en cette situation, comment serait-on intelligent, savant, bon ouvrier et vrai citoyen? Plaignons la nation qui n'a que de tels hommes pour la défendre ou pour asseoir sa prépondérance industrielle et commerciale sur les autres nations !...

Mais penser à tout, s'occuper de tout, faire marcher de front le travail des bras et celui de l'esprit, s'intéresser aux actes du gouvernement, à nos relations extérieures, au développement de nos affaires économiques, à toutes les classes de la population et vouloir pour tous moralité, justice, bien-être... c'est le devoir de tout enfant de Dieu, et cela relève et grandit l'homme.

S'agit-il d'une élection? chaque candidat expose ses idées, son plan de réforme, d'amélioration ; nous lisons leurs écrits, leurs circulaires ; nous les discutons, nous approuvons ou improuvons. Et puis, il y a des réunions, des pourparlers sur toutes sortes de sujets. Nous écoutons, nous comprenons, nous recevons des clartés et nous en répandons à notre tour. Nous sommes tous élèves, tous professeurs pendant quelques jours. Chacun émet quelques idées au profit du plus grand nombre. Les riches, les pauvres, les savants, ceux qui ne le sont pas, tous citoyens, ayant besoin les uns des autres, le comprenant, se rapprochent, causent ensemble, apprennent à se connaître, à se respecter, à s'aimer, ce qui détruit l'orgueil, la hauteur d'un côté, et de l'autre la bassesse et l'envie. A ce frottement l'ignorance s'use, le niveau social s'élève, le bien-être se répand, la solidarité s'établit partout. La nation voit grandir sa puissance et son avenir se trouve assuré. Après avoir travaillé pour elle-même, une telle nation sert encore les autres nations : c'est le bras de la Providence et tous les peuples apprennent à la bénir.

En est-il de même du pays despotique, sans liberté, sans égalité? Là les grands cessent d'être grands et les petits sont par trop petits. Examinez leurs arts, leurs sciences, leurs monuments, le degré de leur bien-être et de leur moralité... Qu'ils sont loin de nous atteindre !

Je l'ai déjà dit, dans les temps anciens les Grecs et les Romains ont tout dominé ; plus tard Florence a rempli son apostolat artistique, et maintenant, si on le veut bien, comparons les ouvriers des Etats mal gérés, opprimés sans pitié, avec les ouvriers anglais et les ouvriers français. Lesquels l'emportent-ils ? Les ouvriers citoyens assurément. Et maintenant, en faut-il davantage pour proclamer la puissance de la liberté ? Aimons-la donc, conservons-la intacte et remercions le ciel d'où elle est descendue.

Ce n'est pas une opinion, c'est un fait avéré, prouvé, certain : en toutes choses, les peuples libres l'emportent sur ceux qui ne le sont pas ; il ne faut que comparer pour comprendre que nous sommes dans le vrai et très-éloignés de toute exagération.

VI

Il est des hommes sans réflexions, aveuglés par l'esprit de parti, par des frayeurs puériles, qui prétendent que dans nos écoles publiques on parle trop de la Grèce et de Rome, que l'on fait de nos enfants des républicains, et qu'il est bon de mettre ordre à de si fatales études. Soit ! supprimons les Grecs et les Romains ; mettons à l'index Horace, Virgile, Plaute, Térence, Phèdre, Cicéron, Sophocle, Euripide, Démosthènes, Homère. Déchirons Hérodote et Thucydide, brûlons Tite-Live et Tacite. Que Solon soit au pilori. Voilons à la jeunesse l'histoire de ces vieilles républiques ; qu'il n'en soit plus question. Corneille, Fénelon, Montesquieu, Voltaire, Rousseau, Lamennais, Hugo sont aussi compromettants, faisons disparaître tout cela. N'ayons de modèles que chez les Egyptiens, les Perses, les Mèdes, les Babyloniens, belles monarchies, qui nous ont laissé de grands amas de pierres. Ajoutons, pour compléter nos études, les Chinois, les Turcs, les Russes, les Autrichiens... Oh ! alors, nos jeunes gens seront des hommes d'un extrême savoir et d'un esprit des plus pénétrants ; leur conduite méritera des éloges, et notre avenir sera consolidé.

Réactionnaires inconséquents qui vous effrayez de nos richesses, dites-le-moi, êtes-vous satisfaits du plan que je vous offre et de la perspective qui s'ouvre à vos regards ? C'est tout au plus ?... Je devine déjà... Si l'on accédait à vos demandes, vous vous en repentiriez bien vite ; ce que vous avez voulu vous serait en horreur... Vous passeriez de la réaction à l'action, et vous seriez bientôt dans le camp des opposants, et peut-être des révolutionnaires.

Allez ! vous êtes de grands coupables, et je vous condamne. Oui, je vous condamne. Et à quoi ? A la réflexion et à faire un retour sur vous-mêmes. Est-ce trop de rigueur ?

Qu'ai-je voulu prouver ? Que le gouvernement libéral, représentatif, démocratique, n'est point funeste à l'art, à la science, à la littérature, aux lumières ; qu'il fait naître l'éloquence, la poésie, la science des lois, la justice et le bien-être ; qu'il donne à l'homme toute sa valeur, toute sa dignité, et qu'il n'est pas, comme on l'en a souvent accusé, le gouvernement de l'ignorance et de la barbarie.

Ai-je bien soutenu ma thèse ? Ai-je fait passer ma conviction dans quelques âmes honnêtes ? — Je le souhaite et j'ose l'espérer.

A plus tard un autre examen plus grave et non moins concluant.

AGRICOL PERDIGUIER.

PAUVRE POLOGNE! ON L'ASSASSINE...

Des paroles fâcheuses ont été prononcées au Sénat et au Corps législatif par des sénateurs et des députés. Ils ne veulent pas que la France se montre vaillante en faveur de la Pologne. Ils veulent la paix; mais comment cette paix nous sera-t-elle garantie?

La guerre de Russie contre la Pologne n'est pas une guerre : c'est la ruine, c'est l'extermination de tout un peuple. On ne voit là que meurtres, pendaisons, exécutions, déportations, persécutions, violences de toutes les sortes. Ne connaît-on pas la conduite des Mourawiew, des de Berg? Ils se plaisent au milieu des cris de souffrance, de la douleur amère, profonde, sans trêve de toute une population. Hommes, femmes, enfants, rien n'est à l'abri des tortures et de la mort dans ce malheureux pays.

Et nous sommes en 1863! et nous sommes chrétiens! et les mœurs de tous les peuples sont bien adoucies maintenant, à ce que l'on croit! mais à quelle époque, en quel lieu a-t-on jamais vu tant de barbarie et de férocité?

Si un homme fort en frappait un faible dans la rue ou dans un lieu quelconque, s'il le dépouillait, le torturait, lui meurtrissait les membres et le corps, s'il le tuait lentement, cruellement; si moi, témoin de cette atrocité, je laissais faire, si je n'intervenais pas, si je n'essayais pas de sauver la victime, et si ensuite j'étais appelé devant un tribunal pour témoigner de ce que j'ai vu, est-ce que la justice n'accuserait pas mon âme, mon cœur, mon manque de courage? Ne serais-je pas frappé d'une flétrissure morale bien méritée?

Pourquoi tant de rigueur, tant d'exigence envers le faible individu, quand on est si indulgent pour les nations de l'Europe, quand on ne leur demande pas le même courage, la même responsabilité?

Ce qui est juste dans l'individu est juste dans une nation, et ce qui est répréhensible d'une part l'est également de l'autre.

Parler autrement, c'est répandre un funeste principe dont la société tout entière aurait à souffrir.

Gardons-nous donc de l'égoïsme ; les fruits qu'il donne sont mortels aux nations comme aux individus.

Que dire de l'Autriche ? Rien, parce qu'il ne fallait et qu'il ne faut rien attendre d'elle. Mais l'Angleterre, nation libérale, éclairée, religieuse, philosophique, grande, puissante, formée d'un peuple intelligent, courageux, vivace, qui a son franc parler, sa franche allure, dirigée par l'expérience de vieux et savants ministres, les Russell, les Palmerston, s'est jointe à nous pour une intervention diplomatique, et elle a dit à la Russie : « Je vous fais des observations ; je vous donne des avis, presque des ordres ; je condamne vos actes, vos cruautés. Ecoutez-moi. Néanmoins, vous pouvez faire à votre guise, ne tenir nul compte de mes paroles ; mon épée ne sortira pas du fourreau, je prends soin de vous en avertir, et vous pouvez, si la chose vous plaît, continuer impunément vos ravages et vos exterminations ! »

Voilà, en substance, le langage qu'elle a tenu.

Ce n'est pas cela qu'il fallait dire, mais ceci : « Vous dépouillez, vous martyrisez un peuple, contre tout droit, contre toute justice ; vous faites le métier de bourreau, vous êtes le scandale de l'Europe... Tenez compte de notre intervention diplomatique ; elle est sérieuse, et, si vous la méprisez, deux grandes nations sont là, la France et l'Angleterre... Prenez garde à vous ! » Ou je me trompe fort, ou la Russie eût réfléchi et se fût arrêtée. Dans le cas contraire, c'était la lutte. Rien de plus fort que ceux qui combattent pour la justice et l'humanité.

La faiblesse, la fatale politique du gouvernement anglais amènera peut-être le malheur de l'Europe. Tout s'embrouille, tout se complique et l'avenir n'a rien de certain.

Mettons un terme à nos guerres lointaines, surtout à celle du Mexique ; que tous les peuples amis de la liberté ou opprimés deviennent nos frères. Rappelons auprès de nous nos troupes dispersées, appuyons-nous sur toutes nos forces et soyons debout.

Sans doute rien de beau comme la paix lorsqu'elle

repose sur une bonne base, lorsque rien ne la mine et ne travaille à la ruiner, lorsqu'elle lie les peuples et les rend tous heureux ; mais faut-il laisser la Russie s'incorporer la Pologne, l'Allemagne écraser le Danemark et la Suède peut-être ? faut-il que l'Italie, la Hongrie, la Turquie éprouvent de nouveaux malheurs, et que nous, spectateurs indifférents, regardions tout cela sans remuer et sans nous émouvoir ? Nous avons des amis, faut-il les laisser périr ? faut-il perdre notre réputation de grandeur, d'humanité, de générosité ? S'il en était ainsi, la France serait-elle encore la France, et, après des concessions regrettables, serions-nous plus puissants et plus forts, aurions-nous conjuré tous les dangers ?... Est-il prudent de crier paix ! paix ! à tout propos ?

Défions-nous de tout esprit de taquinerie, de toute mesure qui choquerait le peuple ou pourrait arriver à corrompre son cœur ; ne faisons pas la confusion dans son cerveau ; examinons les choses avec conscience, gravement... l'époque actuelle le veut.

Nous disons encore au Corps législatif, avec la conviction d'être l'organe de la démocratie parisienne : Ne faites pas fausse route, conservez toute votre influence, n'abandonnez pas ce que le pays a toujours aimé.., toujours servi — les causes justes !...

Agricol Perdiguier.

(*Extrait du journal* le Siècle, *n° du* 30 *décembre* 1863.)

PEUPLE DE FRANCE, RESTE DEBOUT!

La lettre qu'on va lire, écrite à la hâte le 9 janvier 1864, fut remise par moi le lendemain de bonne heure à M. Havin. Elle n'a point été publiée. Mais remarquons ceci : c'était alors le moment le plus chaud de la discussion de l'Adresse ; les comptes rendus des séances étaient fort longs, il y avait encombrement dans toutes les feuilles politiques, et la place dut manquer dans *le Siècle*. De là son insuccès très-probablement. Cette lettre, j'ai cru devoir la retirer pour la donner ici, et j'ai la certitude que mes lecteurs m'en sauront gré, car mes paroles d'il y a huit mois ne sont pas devenues banales, elles touchaient au vrai point de la question, elles étaient quelque peu prophétiques, et il me semble qu'elles ont encore leur utilité.

Je suis convaincu d'avance que M. Havin ne sera nullement formalisé de ce que je laisse son nom au commencement et à la fi de cette lettre, et j'ai le ferme espoir qu'il me rendra, dans la feuille populaire qu'il dirige, la justice qu'il croira m'être due.

« Paris, 9 janvier 1864.

« Cher monsieur Havin,

« Accueillez ces quelques lignes écrites à la hâte et permettez-moi de soulager un peu mon cœur.

« Quelle est cette nouvelle théorie prétendue populaire qui semble vouloir prendre de plus en plus d'extension au Corps législatif ? Que sont devenus les Lamarque, les Mauguin, ces glorieux champions de l'honneur et de la gloire nationale ? Que je regrette que Ledru-Rollin, que Victor Hugo ne soient pas là. . Comme ils tonneraient ! et que leurs paroles seraient douces et profitables à notre noble France ! Elle en tressaillerait de joie... et les opprimés battraient des mains (1).

(1) Nos députés les plus éloquents, les plus aimés de la démocratie, ont fait de magnifiques discours à propos de la Pologne ; mais la plupart d'entre eux, agissant dans le sens des ministres anglais, voulant sauver des victimes sans intervenir, sans s'exposer à recevoir la moindre égratignure, ont manqué de logique, de feu, de grandeur, et le peuple de France ne les a pas compris. Pauvres Polonais ! on

« Que nous dit-on ? Que le peuple peut s'engourdir, fermer son cœur à toute généreuse inspiration, perdre de vue tout idéal, et que si le pouvoir a un jour besoin de son ardeur, de son enthousiasme, de son vigoureux concours, il le réveillera, lui montrera le danger, sa tâche à accomplir, et que tout aussitôt il sera tout feu, tout flamme et tout générosité.

« Ceux qui parlent ainsi comprennent-ils bien ce que c'est qu'un peuple, qu'une nation ? Ce n'est pas là une mécanique que l'on monte et démonte à volonté... Lorsque l'égoïsme a gagné les masses, lorsqu'elles sont comme pétrifiées, est-il au pouvoir de quelqu'un de leur donner, instantanément, la vie et le mouvement qu'elles ont perdus ?

« M. Ollivier, l'un de nos élus de Paris, qui jusqu'à ce jour ne nous avait pas révélé le fond de sa pensée sur la politique extérieure, se prononce pour la paix.

« Moi aussi, dit-il, je veux la paix ; mais comment « l'aurez-vous ? Il ne suffit pas de faire retentir ce « mot magique, il ne suffit pas d'appeler les souverains « à un congrès. Ce sont là de nobles idées, qui depuis « l'abbé de Saint-Pierre jusqu'à Cobden et Emile de « Girardin ont séduit les esprits généreux ; mais il faut « les rendre pratiques, et il n'y a qu'un moyen, c'est « le désarmement, le désarmement résolûment et nette- « ment poursuivi.

« Il y a deux manières de se créer une situation « qui soit sans action, sans influence sur les autres « peuples : c'est d'être trop faible ou trop fort.

les égorge... C'est un massacre sans trêve et sans fin... Et des femmes sont fouettées, martyrisées, séparées de leurs pères, de leurs mères, de leurs maris, de leurs enfants, poussées vers la Sibérie, jetées en pâture à leurs tyrans et vivent d'une vie plus affreuse que la mort. L'on nous parle d'un roi d'Assyrie, de ses transportations en masse de captifs hébreux dans les murs de Babylone, et l'histoire en fait une panthère, un tigre, un monstre hideux... Mais qu'était ce Nabuchodonosor païen auprès du Nabuchodonosor chrétien de la Russie ? Une colombe, un agneau, un saint du paradis. Les crimes de nos jours dépassent tous les crimes anciens ; on fait des rivières de sang, les lois de l'humanité sont foulées sous les pieds, on brave la civilisation, et les nations civilisées laissent faire, se renfermant dans leur égoïsme, et digérant les affronts qu'elles ont reçus. Mon âme pleure et s'indigne à l'aspect de tant de misères et de tant d'atrocités !

« Trop faible, on est méprisé ; trop fort, on est
« craint, et les autres se rapprochent pour se défendre
« contre vous.

« En ce moment, le péril de la France, c'est qu'elle
« est trop forte. Quand elle agit, quand elle propose
« on se défie d'elle, on ne croit pas à son désintéres-
« sement.

« Faites que l'on croie à votre désintéressement en
« réduisant vos forces.

« Assurez donc l'économie par la paix, la paix par
« le désarmement ; mais le désarmement, ne l'oubliez
« pas, serait dangereux si vous n'accordiez pas en
« même temps la liberté.

. . . .

« Choisissez donc : ou la gloire ou la liberté ; ou la
« gloire qui exige les gros budgets, ou la liberté qui
« rend la gloire inutile. »

« Lorsque la Russie égorge la Pologne et la fait
sienne au mépris des traités, par les procédés les plus
atroces, lorsque l'Allemagne, cédant à un fatal entraîne-
ment, fermant l'oreille à toute raison, à tout conseil,
se coalise tout entière contre une toute petite monar-
chie, lorsque nous voyons partout des armes sortir
du fourreau, le sang arroser la terre, on demande que
nous désarmions ! que nous nous rendions faibles !
que nous ne fassions plus peur !... avec la prétention
qu'ainsi nous serons devenus plus dignes de la liberté
et qu'alors elle nous arrivera plus sûrement.

« S'affaiblir pour ne plus inspirer des craintes ! mais
quelle est donc cette pensée ?

« Procédons par comparaisons.

« Qu'un homme soit faible et poltron, chacun le
méprise ou le maltraite ; qu'il soit, au contraire, faible
et d'un courage à toute épreuve, on regardera à deux
fois avant de l'entreprendre.

« Qu'un homme soit de force moyenne et très-mé-
chant, très-malfaisant, chacun le redoute, se tient à
l'écart et craint pour soi.

« Mais si un homme a la force de Samson et d'Her-
cule, si son bras a une puissance incomparable, si son
courage dépasse tous les courages, et si, en même
temps, il est honnête, pur, dévoué, loyal, toujours prêt

à soutenir les faibles, les opprimés, serait-il juste de dire qu'il fait peur et qu'il faut lui supprimer sa force? Dieu nous en garde... Elle est en ce cas l'appui des malheureux, des persécutés, elle n'épouvante que les pervers... C'est une utile puissance sur la terre, nous devons la bénir.

« Résumons notre comparaison en la modifiant un peu.

« Si l'homme était fort et lâche, on le mépriserait, s'il était fort et méchant, on le redouterait, mais s'il est fort et juste, et brave en même temps, on l'aimera, on l'acclamera.

« Il en est de même pour les nations. Soyons forts, mais soyons justes, mais soyons braves par surcroît... Ne convoitons jamais le bien d'autrui... Intervenons pour le bien, non pour le mal.

« La force d'un honnête homme n'épouvante jamais les honnêtes gens. . La force de la France ne doit jamais épouvanter non plus une franche et loyale nation. La France doit être l'amour et l'espérance de tout ce qui souffre et croit à la justice.

« Mais, suis-je content de tout ce qui se fait? Me trouvera-t-on sans cesse disposé à battre des mains? Non pas, et ici l'on permettra à mon cœur de s'exprimer en toute liberté. C'est une opinion qu'il émet... il ne pousse pas au-delà.

« Oui, je déplore nos guerres lointaines ; Chine, Cochinchine, tout cela n'est pas de mon goût. Notre expédition du Mexique encore moins.

« Quand les commissaires du gouvernement viennent dire à la commission des crédits supplémentaires que les républiques leur déplaisent, qu'on avait la pensée d'agir contre elles et d'en supprimer au moins une pour lui substituer une autre forme d'autorité, cela me donne à réfléchir, et mes regards et mes pensées se portent sur le monde et dans les temps reculés. . Mais d'où nous viennent donc nos plus beaux modèles de littérature, d'architecture, de peinture, de sculpture, de statuaire, de législation ? De la Grèce, de Rome, de Florence, de Gênes, de Venise... C'étaient là des républiques. 89 a régénéré l'Europe, lui a donné un nouveau droit, une nouvelle base politique et sociale, et cela pour le bien de l'humanité. Parler de supprimer

une forme gouvernementale qui n'est pas la nôtre,
c'est, selon mes faibles vues, inquiéter le Pérou, la
Bolivie, le Paraguay, le Chili, le Vénézuéla, les Provinces Argentines, les Etats-Unis, presque toute l'Amérique ; c'est faire haïr nos nationaux, c'est leur créer
une fâcheuse situation, c'est nous faire des ennemis,
c'est amoindrir notre commerce, et, par cela même, peu
politique et peu prudent. Respectons la liberté de chaque
peuple, il y aura avantage et pour eux et pour nous.

« M. Emile Ollivier prétend que la gloire et la liberté
ne peuvent marcher de compagnie. Grave erreur que
cela ! Nous avons mille preuve du contraire. La gloire
n'est pas seulement l'exercice vigoureux, brutal, san-
glant de la force ; il y a gloire et gloire, et les pays
les plus libres ont toujours été les plus brillants, les
plus célèbres, les plus glorieux... Mais prenons le mot
gloire dans le même sens que M. Ollivier, l'histoire ne
lui donne pas raison. Non, non, point de guerre de
conquête, point d'oppression nulle part, mais servir
le droit, la justice, la liberté, peut-il nuire à la liberté?

« Nous avons autrefois combattu pour les Etats-Unis
qui voulaient se créer, et cela nous porta bonheur ;
La Fayette rapporta dans ce pays des germes heureux,
dont l'avenir devait profiter... Nous avons combattu
pour l'indépendance de la Grèce, et à ce moment
Béranger, Lamartine, Hugo, Byron, Casimir Delavigne
chantèrent la gloire et la liberté. Chateaubriand et tous
nos grands génies se joignaient à eux, le peuple faisait
chorus et les plus belles pensées illuminèrent soudain la
France. Nous avons combattu la piraterie algérienne ;
un pouvoir mal inspiré crut n'avoir agi que pour lui
seul, il méconnut nos droits ; le peuple intervint et
s'adjugea, avec raison, tous les fruits de sa victoire.
Nous avons combattu la Russie, c'était un bien, et
ensuite l'Autriche, et ce fut mieux. C'est au retour
de la campagne d'Italie que la liberté a paru renaître
et nous a donné un doux sourire.

« Combattant au nom des vieux principes, des vieilles
formes, des vieux préjugés, l'Autriche se croyait
invincible, mais, vaincue, elle a vu leur néant, et s'est
hâtée de répudier tout cela autant qu'il lui était donné
de le faire. Ainsi notre force a servi la liberté, non-

seulement en France, en Italie, mais encore chez ceux-là mêmes que nous avions combattus et vaincus.

« Tout mouvement de la France remue l'Europe, le monde. C'est parce que nous sommes forts et que nos lois sont des lois populaires.

« A qui doivent donc leurs constitutions, leurs codes revus ou régénérés la Belgique, la Hollande, l'Espagne, la Prusse, l'Italie, la Suisse, presque tous les Etats allemands et d'autres Etats encore ? À la France, à sa puissance, à sa grandeur, à sa générosité... On devrait la chérir, l'idolâtrer, la bénir, et cependant on ne l'aime pas comme il faudrait l'aimer... Qu'y faire ? est-ce une raison pour cesser d'être ce que nous sommes ? Nullement, et la récompense de nos bienfaits nous la trouvons en nous-mêmes ; ce qui est grand doit rester grand.

« Il est de nos amis qui comparent notre action à l'action d'autres puissances d'une tout autre nature, et nous disent : Nous avons pris l'Algérie, nous avons acquis la Savoie ; pourquoi la Russie ne s'emparerait-elle pas de la Pologne et d'autres Etats encore, si cela peut lui convenir ?

« C'est que l'Algérie, les Etats barbaresques étaient le foyer de la piraterie, des écumeurs maritimes, de tout ce qu'il y avait de plus sauvage, de plus dur, de plus affreux, et que les envahir c'était réprimer leurs cruelles violences et ensuite leur porter la lumière, la civilisation, le bien-être et faire des hommes de ces sortes de cannibales ; c'est que la Savoie avait été l'un de nos départements, que les Savoyards étaient de vieux Français, qu'ils voulaient l'être encore, et que leur retour à la mère-patrie se fît du consentement du souverain de l'Italie et de celui de la France, après un vote populaire, sans une ombre de violence. Voilà des conquêtes que l'on peut avouer. Mais lorsque les Russes envahissent la Pologne, sont-ils dans le même cas ? Qui les appelle ? Qui veut d'eux ? Personne assurément ; et d'autre part, est-il bon que les ténèbres se répandent sur la terre, que la barbarie mette les pieds sur la civilisation, et qu'elle la trépigne, et qu'elle la martyrise, et qu'elle lui fasse crier grâce et merci ?

« Je vais plus loin. Qu'un pays soit sauvage, féroce, inique, agressif, exécrable voisin, qu'il n'ait ni foi ni loi, qu'il tourmente le monde autant qu'il le peut.... la civilisation doit s'armer alors, l'envahir, le châtier, et puis l'instruire, l'éclairer, le moraliser, l'élever et s'en faire un ami, ou l'absorber en soi. Dans tous les cas la population vaincue et régénérée doit être traitée avec humanité. Non, point d'hilotes, point de parias, point d'esclaves ! partout le droit commun et la fraternité.

« Mais la Pologne est-elle la barbarie ? la Russie est-elle la lumière ? — C'est le contraire qui est vrai. Il serait donc ridicule, puéril, atroce même de plaider pour la nuit contre le jour, pour la sauvagerie contre la civilisation.

« Les peuples croupissant dans l'ignorance, le fanatisme, la misère, la dégradation, écrasés par des tyrans pervers, n'ont pas à redouter nos lumières et nos lois.... Mais que peuvent donner les peuplades barbares aux peuples civilisés, et comment souffrir de sang-froid leur ignoble triomphe ?

« On nous dit qu'il faut désarmer, qu'on veut la paix, que nous ne nous devons qu'à nous-mêmes, et que tant que l'on ne touchera pas à nos frontières, nous n'avons pas à tirer l'épée.

« Quelle profonde politique !

« C'est donner un blanc-seing à l'Allemagne, à la Russie, c'est leur dire : Allez ! ne vous gênez pas.

« Et si l'Allemagne s'emparait du Danemark, de la Suède ; si ensuite elle tombait sur l'Italie ; si la Russie, après avoir absorbé la Pologne, remettait le pied sur la Turquie et d'autres populations... Si ces deux immenses agglomérations d'hommes, Russes et Allemands, ne faisant qu'un à la fin, vous enlaçant de leurs vastes bras, et ricanant, et vous raillant, et vous couvant d'un air de convoitise, venaient s'asseoir sur vos frontières, seriez-vous bien à votre aise alors ? ne regretteriez-vous pas les alliés, les amis, les frères que vous auriez laissés périr ? trouveriez-vous que vous êtes trop forts ; et vaincre en ce cas vous serait-il possible ? Grands amis de la paix à tout prix, cette paix-là, objet de vos sollicitudes, voudrait-on bien vous la laisser ? Ne se hâterait-on pas de parler de la Lorraine, de l'Alsace et du reste ?

« Chez nous toutes nos provinces ne font qu'un : Gascons, Provençaux, Languedociens, Bretons, Picards, Lorrains, Normands, Limousins, Alsaciens, Auvergnats, Bourguignons, sont tous frères, tous égaux. Partout les mêmes droits civils et politiques ; point de faveurs nulle part, la loi est égale pour tous ; nous sommes tous les enfants chéris de la France, et nous aimons notre mère de tout notre cœur. Nous formons la plus belle, la plus magnifique, la plus sainte unité. Rien de pareil en aucun pays du monde ! Et cependant on nous déchirerait, le faisceau serait brisé ; c'est alors qu'il y aurait des pleurs et des gémissements !...

« Nous sommes forts, ne cessons jamais de l'être. soit par nos armes, soit par nos lumières, soit par nos institutions, soit par notre amour de notre prochain... et si nous devons désarmer, obtenons d'abord le calme de l'Europe ; ne désarmons pas seuls.

« Anglais, voulez-vous livrer le Danemark à l'Allemagne, qui compte déjà, dans son vaste ensemble, plus de quatre-vingts millions d'habitants ? Voulez-vous livrer la Turquie à la Russie, dont la puissance va sans cesse croissant et n'est pas sans vous chagriner ? Vous, si jaloux de votre empire maritime, ne verrez-vous jamais le danger que de l'autre côté d'un détroit ?... Quelles flottes peuvent un jour surgir de la mer Noire et des mers du Nord ? Et vous ne voyez pas cela ? Anglais, ouvrez les yeux, ne repoussez pas la main de la France... Dire que vous ne tirerez l'épée que pour vous seuls, c'est livrer, après les Polonais, les Danois et les Turcs, c'est faire bon marché de l'Italie, qui croit cependant à votre amour pour elle ; c'est briser votre sceptre des mers, c'est troubler votre sécurité future... N'ayez pas à vous repentir.

« Peuple de France, reste debout... conserve ton âme et ton cœur, respecte tes vieilles traditions... sois toujours sympathique au malheur. Conserve ton idéal, la grandeur, la générosité, la noblesse de ton caractère, afin que ton souverain, quel qu'il soit, en quelque temps que ce soit, roi, empereur, président, consul, assemblée, n'importe le titre et la qualité, puisse traiter hautement de tous les intérêts, soit pour la paix, soit pour la guerre. Reste debout, je te le répète... C'est en s'appuyant sur toi qu'il sentira en lui une force invincible, une puissance incomparable, qu'il aura toute autorité et qu'on l'écoutera.. Mais si tu faiblis, si tu parais avoir peur, sa force morale s'en va d'un seul coup... et alors, comment le servir?

« Le grand Frédéric de Prusse disait : Si j'étais roi de France, pas un coup de canon ne se tirerait en Europe sans ma permission. Ce roi était un profond politique, il comprenait le rôle qui convient à la France. Et nous serions aveugles sur nous-mêmes? et nous nous affaisserions mollement? et nous serions regardés en Europe comme si nous n'existions pas? Plus d'influence ! plus d'autorité nulle part ! Au delà de nos frontières il n'y aurait plus rien qui pût nous intéresser ! Et notre industrie, et notre commerce, et notre avenir, que deviendraient-ils? Repoussons bien loin de si timides conseils.

« Et moi qui parle ainsi, suis-je un homme de guerre, de sang? Ai-je la moindre haine contre le peuple russe ou le peuple allemand? Point du tout ! Et en ce qui nous concerne, si j'aime l'ouvrier, n'ai je pas une égale sympathie pour le fabricant, le commerçant, l'entrepreneur, le cultivateur, toutes les positions de la société? Et cependant je conseille la vigueur, le dévouement... C'est que la France ne doit pas s'abdiquer, c'est que son énergie sera le bien et sa faiblesse une extrême calamité.

« C'est dans sa défaite que l'Autriche a conquis les éléments de sa liberté ; c'est dans la répression de son gouvernement que le peuple russe doit trouver des droits et des lois tutélaires et l'Europe une paix assurée.

« Cher monsieur Havin, vous le voyez, j'ai cédé à une sorte d'entraînements, d'amour, de délire patriotique, et cependant j'ai tout examiné, tout pesé à la balance de la raison. Que le peuple comprenne le travail qui s'est fait en mon âme, et que son cœur batte avec mon cœur.

« Recevez, cher monsieur et ancien collègue, mon salut fraternel.

« AGRICOL PERDIGUIER. »

ALLEMANDS, DAIGNEZ RÉFLÉCHIR.

Depuis huit mois le sang a coulé. Des ruines se sont accumulées. Des conférences ont eu lieu. Après la trève la guerre a recommencé. La diplomatie a échoué, et l'on devait le prévoir. A quoi servent les menaces quand on sait que les faits ne suivront pas ? C'est considéré comme fanfaronnade de poltron ; on en rit. Le Danemark cède à la fin. On négocie. Voilà les préliminaires de la paix.

La Prusse et l'Autriche ne peuvent dissimuler leur convoitise. Leur invasion toute paternelle, à ce qu'elles prétendaient, tourne à la conquête... Elles disaient d'une façon, et font de l'autre. Des lueurs sombres attristent l'Europe.

Les petits États Allemands murmurent, se plaignent. Les procédés dont on a usé à leur égard sont bien cavaliers, il faut en convenir. Mais, ces braves et bons Allemands, qu'ils sont peu clairvoyants ! qu'ils sont pauvres et mesquins en science politique, et combien, jusqu'à ce jour, l'esprit de justice, de large fraternité leur a fait défaut. Ils sont très-savants, me dit-on, très-forts en métaphysique ; la philosophie, la littérature, la critique les occupent, et leurs découvertes dans le domaine des idées sont précieuses. Je le crois, mais il n'en est pas moins vrai qu'en cent occasions ils ont fait preuve de peu de jugement et que leur conduite n'a été qu'un grossier contre-sens. La passion, une passion brutale, frénétique, l'emporte en eux sur toute réflexion sensée.

Ils ont toujours voulu l'oppression de la Pologne, de cette brave nation à laquelle ils doivent peut-être d'être restés Allemands ; ils se sont piqués de maintenir le servage de l'Italie, de la Hongrie ; la Suisse a eu à se plaindre d'eux et c'est contre eux qu'elle a combattu et conquis sa liberté. Même en 1848, après avoir chassé bien des souverains et constitué la République de Francfort, sous la présidence de l'archiduc Jean, prince autrichien, qui ne devait guère s'attendre à cet excès d'honneur, la Confédération réformée envoya des troupes oppressives contre les Italiens. Ils ont voulu il y a seize ans, ils veulent aujourd'hui l'invasion et le démembrement du Danemark. Maintes fois ils se sont courroucés contre la France, d'où ils n'ont tiré que des lumières, des éléments démocratiques, et qui ne peut et ne veut leur faire que du bien. Ils sont, si l'on y comprend les grands États et leurs dépendances, de quatre-vingts à quatre-vingt-dix millions d'âmes, et pourtant, ils ont toujours l'air de craindre leur généreuse et paisible voisine, qui ne fait pour eux que de bons souhaits.

Les Allemands veulent tous les Allemands libres, indépendants de toute autorité étrangère, seraient-ils soumis à des lois plus légères que des guirlandes de fleurs et aimées de tous. N'ont-ils pas parlé d'affranchir les Lorrains et les Alsaciens, qui n'ont que faire de leur intervention, et qui sont français d'esprit, d'âme et de cœur? Est-ce que les Danois opprimaient les Allemands des duchés? S'ils adoptaient une constitution plus libérale, est-ce que ceux-ci n'en devaient pas profiter comme ceux-là? Y avait-il des opprimés, des hilotes, une partie de la population esclave de l'autre? Point. Les hommes de toutes les origines étaient traités avec égalité et jouissaient des mêmes avantages. Et cependant la Confédération tout entière, les Allemands de tous les États, criaient et protestaient sans cesse contre ce tout petit peuple Danois, dont la conduite était si digne et si libérale, puis, tous ensemble, quarante contre un, se sont rués sur lui, et l'ont assujetti et opprimé en haine de l'assujettissement et de l'oppression. Ces hommes si jaloux de leur indépendance attentent très-volontiers à l'indépendance d'autrui. Ils sont dominateurs, oppresseurs, l'effroi et le malheur de plusieurs nationalités, ce qui ne peut les faire chérir en tous lieux.

Ce coupable aveuglement, ce despotisme insensé ne peuvent porter bonheur à ceux qui en usent et mésusent. Puissent-ils ouvrir les yeux, adopter une conduite plus libérale, des principes plus humains, plus fraternels, plus religieux, et ne plus souffler sur l'Europe les tempêtes et les misères de l'avenir!.. Que feront-ils? On ne le sait, mais je continue à crier bien haut :

France, sois attentive ! Angleterre, donnons-nous la main ! Italie, attends ton jour, et que ce jour soit en même temps le jour de salut de tous les peuples souffrants et amis de la liberté !

AGRICOL PERDIGUIER.

FIN.

AVIS

Du commencement de 1846 à la fin de 1851, je m'occupai ardemment d'une *Histoire démocratique des peuples anciens*. Sept volumes parurent. Vers la fin de l'histoire romaine j'arrivai au Christ, et j'écrivis son histoire, à mon point de vue. Cette histoire, je veux la relire, la retravailler et la rendre publique. J'espère intéresser, éclairer, servir mes lecteurs.

A. P.

Imprimé par Charles Noblet, rue Soufflot, 18.

www.ingramcontent.com/pod-product-compliance
Lightning Source LLC
Chambersburg PA
CBHW051335060726
47596CB00004B/1621